उम्मीद का दीया

काव्य संग्रह

डॉ. सोनिया गुप्ता

समर्पित

जीवन के अनुभवों को

क्रम-सूची

क्रम-सूची

क्रम-सूची

प्रस्तावना

मेरी कलम से

'उम्मीद का दीया', मेरा दूसरा व्यक्तिगत हिंदी काव्य संग्रह है। इससे पूर्व मेरा प्रथम व्यक्तिगत हिंदी काव्य संग्रह 'ज़िन्दगी गुलज़ार है' हाल ही में प्रकाशित हुआ, जिसे पाठकों ने बहुत सराहा । 'उम्मीद का दीया' उन कविताओं का संकलन है, जिनका मुख्य स्वर आशा, सकारात्मकता और हिम्मत है । यह ज़िन्दगी कभी एक जैसी नहीं रहती, कभी सुख है, तो कभी दुःख, कभी सफलता, तो कभी असफलता, परन्तु यदि इंसान इसके हर पड़ाव को सहर्ष स्वीकार करे, तो हर मुश्किल आसान लगने लगती है । मेरी खुद की ज़िन्दगी में इतने उतार चढ़ाव आए, पर मैंने उम्मीद का दामन नहीं छोड़ा । आज एक डॉक्टर होने के साथ साथ मैं एक कवयित्री भी कहलाती हूँ । मेरे प्रतिकूल समय ने मुझे चित्रकारी, संगीत, गायकी, और सिलाई-बुनाई, का भी हुनर दिया । "उम्मीद" एक ऐसा शब्द है जो एक नई सुबह की तरह नई उमंग लेकर आता है । यह ज़िन्दगी कब ख़त्म हो जाएगी किसी को क्या पता, एक उम्मीद के सहारे ही तो हम सब जीते हैं । इस काव्य संग्रह में कुछ और प्रोत्साहित करने वाली रचनाएँ भी हैं, जिनको पढ़कर पाठकों को अवश्य एक होंसला मिलेगा । आशा है यह काव्य संग्रह भी मेरे पूर्व प्रकाशित संकलन की तरह पाठकों के दिल में अपनी जगह बनाने में पूर्णतः सफल रहेगा।

डॉ. सोनिया गुप्ता

भूमिका

उम्मीद की किरणें बिखेरती कविताएँ

❧❧❧

'उम्मीद का दीया', कवयित्री डॉ. सोनिया गुप्ता जी द्वारा रचित दूसरा व्यक्तिगत हिन्दी काव्य संग्रह है। इससे पूर्व इनका प्रथम व्यक्तिगत काव्य संग्रह, 'ज़िंदगी गुलज़ार है' हाल ही में प्रकाशित हुआ, जिसे हिन्दी काव्य जगत का भरपूर स्नेह मिला।

समकालीन कविताएँ कला के उन असंख्य पहलुओं में से एक हैं जो ज़िन्दगी की कठोर वास्तविकताओं को दर्शाती हैं, हालाँकि इनमें कला के उस चित्रण का आभाव नज़र आता है, जो एक समय कविता का सौन्दर्य माना जाता था । किसी भी कविता की सुन्दरता उसमें इस्तेमाल किये गये कठोर और वास्तविक शब्दों के आधार पर मापी जाती है, वहीं ऐसी काव्य रचनाएँ जो इन सत्य और कड़वे पहलुओं का अवलोकन करवाती हैं, पाठकों को साहित्य की एक प्रमुख शाखा से पृथक कर रहीं हैं । परन्तु ऐसी काव्य रचनाओं की सुन्दरता अभी भी शेष है, यह "डॉ. सोनिया" जैसी कवयित्री द्वारा लिखे इस काव्य संग्रह में बड़ी सफलतापूर्वक महसूस किया जा सकता है । जैसा कि किताब का शीर्षक "उम्मीद का दीया" ही अपने आप में आज के समाज के लिए एक नयी रोशनी ले कर आ सकता है, जो कि अँधेरी दुनिया में खो चुका है और कविता का सब से अहम मकसद शायद यही होता है; बुझे हुए दिलों में इक उजाले की किरण जगाना ।

"उम्मीद का दीया" उन कविताओं का संकलन है, जो आशा और प्रेरणा का स्त्रोत बन कर जिन्दगी में पिरोई जा सकती हैं । हर इंसान की जिन्दगी में उतार चढ़ाव आते रहते हैं, पर यदि इंसान होंसले और आशा के हथियार अपनाकर अपनी मुश्किल का सामना करे, तो मंज़िल तक अवश्य पहुंचता है। कवयित्री ने सही ही कहा है, उम्मीद और हिम्मत हर असम्भव कार्य को भी सम्भव बना देते हैं ।

इस काव्य संग्रह का शीर्षक (उम्मीद का दीया) भी इस बात को सिद्ध करता है । कुछ भी हो जाए इंसान को हिम्मत और आशा का साथ नहीं छोड़ना चाहिए, जैसा कि पहली ही कविता की कुछ पंक्तियाँ भी बोलती हैं;

"उम्मीद का दीया क्यूँ बुझाते हो,
तुम जीने से क्यूँ घबराते हो,
मुश्किलें हैं राह में तो क्या गम है,
बेकार में शोक क्यूँ मनाते हो"

इस संग्रह की कुछ चुनिंदा पंक्तियाँ यथा :

"बुझकर भी जलते रहें जो दीप,
रोशनी उनका अभिनंदन करती है,
बिन गरजे भी बरसें जो मेघ,
वर्षा उनका अभिनंदन करती है"

"तुम खुद में रखो विश्वास,
दूसरों से क्या मांगते हो,
स्वयं को भूल जाते हो,
औरों को ही खुदा जानते हो"

❦❦❦

"हार का कारण पहचानो तुम,
बहाने अधिक न बनाओ तुम,
किस्मत और समय को दे दोष,
नकारात्मक विचार मत लाओ तुम"

❦❦❦

"जब इतना कुछ सम्भव है बिन बोले,
तो क्यूँ वाणी को दूषित करें,
मन की शांति चाहे न कौन ?
हृदय की भाषा कहलाती है मौन"

❦❦❦

"जब भी तन्हाई का हो अँधेरा पास तुम्हारे,
तब दूर करती सब रुस्वाई बस ये मुस्कराहट है,
जब अकेले हो खड़े हम घिरे अपनी मुश्किलों से
तब होंसला बढ़ाती बस ये मुस्कराहट है"

❦❦❦

"विपत्ति जब भी आती है,
बस कायर को दहलाती है,
पर जो इसको अपना लेते,
ये उनका साथ निभाती है"

❦❦❦

“सादगी में तो हर चीज़ सुंदर नज़र आती है,

सादगी किसी भी चीज़ की सब को भाती है,

सूरत में क्या रखा, वो तो कई बार झुठलाती है,

ये सूरत तो हर बार रंग नए दिखलाती है”

“जिसको मिले खाने को रोटी,

सर ढकने को छत हो छोटी,

संग जिसके भगवान है,

वह ही सच्चा धनवान है”

डॉ. सोनिया की रचनाओं का सब से महत्वपूर्ण पहलू है, इनके द्वारा इस्तेमाल सरल और कोमल शब्द, जो हरेक पढ़ने वाले के हृदय को अंतर्मन तक छू जाते हैं और एक सुंदर चित्रण के रूप में उभर के आते हैं। अपने स्वयं के कठोर अनुभवों को अपनी कलम से तराश कर इन्होंने पाठकों के लिए एक ऐसे संग्रह की रचना की है जो हारे हुए, उखड़े हृदयों में अवश्य एक राहत की किरण बनकर प्रज्वल्लित होगा ।

आईये हम सब इस काव्य संग्रह को अपने हाथों में ग्रहण कर, इसमें छिपी सौन्दर्यता का अवलोकन करें । कवयित्री, “डॉ. सोनिया” के इस प्रयास और सफलता के लिए मैं इन्हें हार्दिक शुभकामनाएं देती हूँ । ईश्वर इनकी हर कोशिश को इसी प्रकार सफलतापूर्वक सम्पूर्ण करे ।

डॉ. सुषमा गांधी देवयानी

(दी पोइट्री सोसाइटी ऑफ़ इंडिया, गुरुग्राम)

आभार

'आभार' एक छोटा सा शब्द है, परन्तु इसका अर्थ बहुत गहरा है । कहते हैं कि यदि हम किसी का आभार व्यक्त करते हैं, तो हम ईश्वर के समक्ष ही अपनी भावना प्रकट करते हैं ।

सबसे प्रथम, मैं उस परम् पिता परमात्मा का आभार व्यक्त करती हूँ, जिसने मनुष्य जीवन देकर मुझे इस हुनर से नवाज़ा, जो शायद उसी का दिलाया एक अनुपम तोहफ़ा है । माँ सरस्वती की अपार कृपा मुझ पर रही, जिन्होंने मेरे साधारण से शब्दों को एक भाव रुपि माला में पिरो दिया ।

माता पिता इस जगत में ईश्वर के समान पूजनीय होते हैं । मैं सौभाग्यशाली हूँ, जो मुझे ऐसे माता पिता मिले जिन्होंने मेरे हर ख़्वाब को साकार करने में मेरा साथ दिया । उनकी सिखाई हर सीख आज भी एक दीपक के सम मेरे जीवन में प्रज्वलित रहती है । आप दोनों को मेरा कोटि कोटि नमन ।

कहते हैं शिक्षक माँ बाप और ईश्वर, दोनों के समान होता है । एक शिक्षक कोयले को तराश कर हीरे जैसे अनमोल रत्न को उत्पादित करता है । मेरे जीवन में हर एक उपलब्धि के पीछे मेरे शिक्षकों का आशीष रहा है । मैं उन सभी शिक्षकों का आभार व्यक्त करती हूँ, जिन्होंने मुझे जीवन की हर छोटी बड़ी सीख दिलाई । मैं उन सभी गुरुजनों की भी हार्दिक आभारी हूँ, जिन्होंने मुझे काव्य की विधाओं में शिक्षित किया और बिना किसी स्वार्थ के मुझे इतना कुछ सिखाया, जो शायद इस नाचीज़ के लिए सम्भव नहीं था ।

हार्दिक आभार आदरणीय सर मदन गांधी जी, आदरणीया श्रीमती सुषमा देवयानी जी, आदरणीय शशिकांत जी, और ईशान जी, जिन्होंने मेरी पुस्तक के प्रकाशन में सम्पूर्ण सहयोग दिया । आदरणीया श्रीमती सुषमा देवयानी जी का पुन: आभार मेरी इस पुस्तक के लिए प्राक्कथन लिखने हेतु ।

मुझे ईश्वर ने ऐसे भाई दिए, जिन्होंने हर मोड़ पर मेरा प्रोत्साहन किया । उनको तहे दिल से स्नेह और शुक्रिया ।

'दोस्त' जीवन का अहम हिस्सा होते हैं जो खून के रिश्तों से भी बढ़कर साथ देते हैं। मैं अपने उन सभी साथियों का आभार व्यक्त करती हूँ, जिन्होंने मेरे इस काव्य संग्रह को पूर्ण करते समय मेरा होंसला बढ़ाया ।

हार्दिक आभार प्रकाशक नोशन प्रैस (भारत) का, जिनके द्वारा मेरे यह काव्य संग्रह प्रकाशित हुआ ।

अंत में मैं उन सभी का आभार प्रकट करती हूँ जिन्होंने प्रत्यक्ष और अप्रत्यक्ष रूप से मेरा प्रोत्साहन किया ।

डॉ. सोनिया गुप्ता

कवयित्री का परिचय

डॉ. सोनिया, चंडीगढ़ के समीप शहर, डेरा बस्सी की रहने वाली हैं । इन्होंने बी.डी.एस., ऍम.डी.एस. की डिग्री हासिल की है । एक दंत चिकित्सक होने के साथ साथ लिखना इनका शौक है । 2006 में इन्होंने पहली बार कलम उठाई कुछ लिखने की कोशिश में और इनका यह सफ़र चलता ही रहा । इनकी रचनाएँ कई पत्रिकाओं, समाचार पत्रों और साँझा काव्य संग्रहों में प्रकाशित हैं । डॉ. सोनिया हिंदी, अंग्रेजी और पंजाबी भाषाओँ में निपुण हैं । इनकी अंग्रेजी की रचनाओं को 50 से भी अधिक साँझा काव्य संग्रहों में स्थान मिला । 'उम्मीद का दीया' इनका द्विवतीय हिंदी व्यक्तिगत काव्य संग्रह है । इनका प्रथम हिंदी व्यक्तिगत काव्य संग्रह 'ज़िंदगी गुलज़ार है' हाल ही में प्रकाशित हुआ है ।

मेडिकल फील्ड की व्यस्तता के बाद भी, ये काव्य को अपना समय देती हैं । इन्होंने छंद, दोहे, गीत, ग़ज़ल, गीतिका, मुक्तक, गद्य, पद्य आदि अनेकों काव्य विधाओं को फेसबुक के मंचों के माध्यम से सीखा और बहुत कम समय में काव्य जगत में एक पहचान बनाई । इन्हें हिंदी साहित्य में अनेक पुरस्कारों से नवाज़ा गया है, जिनमें शामिल हैं: नारी गौरव सम्मान (जे ऍम डी प्रकाशन, दिल्ली), प्रेम सागर सम्मान (जे ऍम डी प्रकाशन, दिल्ली), साहित्य गौरव सम्मान (युवा उत्कर्ष साहित्य मंच, दिल्ली), हिंदी गौरव सम्मान(युवा उत्कर्ष साहित्य मंच, दिल्ली), एवम युग सुरभि सम्मान (वोइस प्रकाशन, जयपुर) । अंग्रेजी साहित्य जगत में भी इनको बहुत सम्मान पत्र प्राप्त हुए हैं।

ये चित्रकारी, संगीत, और सिलाई-बुनाई में भी रूचि रखती हैं। इनकी कई पेंटिंग्स को विभिन्न पत्रिकाओं के कवर पृष्ठ पर स्थान मिला । इन्होंने अपनी अंग्रेजी के दो काव्य संग्रहों के कवर पृष्ठ भी स्वयं डिज़ाइन किये, जिनपर इन्हीं के द्वारा बनाई पेंटिंग्स हैं, और वो शीघ्र ही प्रकाशित होंगे ।

डॉ. सोनिया अपने हर कार्य को ईश्वर, अपने माता पिता और शिक्षकों को समर्पित करती हैं ।

आधुनिक युग में रहकर भी इनकी भक्ति भाव में बहुत आस्था है । इनकी आने वाली पुस्तकों में प्रभु के भजनों का भी सम्मेलन नज़र आएगा । अपने कार्य के साथ साथ ये अपने काव्य जगत के सफ़र को भी सहश्र जारी रख रही हैं। इनके अपने दंत विभाग से जुड़े भी कई आलेख प्रकाशित हैं। "इरादे नेक हों तो सपने भी साकार होते हैं, अगर सच्ची लगन हो तो रास्ते भी आसान होते हैं" इनकी खुद की लिखी हुई इन पंक्तियों ने इनको हमेशा अपना लक्ष्य पूरा करने के लिए प्रेरित किया ।

❧❧❧❧

पता: #95/3,आदर्श नगर,डेरा बस्सी,जिला मोहाली- पंजाब-140507

मोबाइल: 6280420736, 8054951990

फेसबुक आई डी:100004964983747@facebook.com

फेसबुक पेज; https://www.facebook.com/sonia4840/

ब्लॉग :http://drsoniablogspot.blogspot.in/

इ मेल : Sonia.4840@gmail.com

यूट्यूब चैनल: https://www.youtube.com/channel/UCKF2jM5P8VDjZ9fBZLBTRHA

इंस्टाग्राम आई डी: https://instagram.com/gdrsonia?igshid=YmMyMTA2M2Y=

उम्मीद का दीया

काव्य संग्रह

डॉ. सोनिया गुप्ता

1. उम्मीद का दीया

उम्मीद का दीया क्यूँ बुझाते हो,
तुम जीने से क्यूँ घबराते हो,
मुश्किलें हैं राह में तो क्या ग़म है,
बेकार में शोक क्यूँ मनाते हो ।

सूरज रात के अँधेरे को चीरे भी,
अपना प्रकाश फैलाता है,
चाँद तिमिर की कालिमा में भी,
चाँदनी अपनी बिखराता है,
फिर तुम तो हो इक इंसान,
तम से क्यूँ डर जाते हो ।

गुलाब सबसे प्यारा पुष्प कहलाता,
काँटों के संग भी मुस्काता,
कमल बीच कीचड़ खिलखिलाता,
उम्मीद लिए जीवन है बिताता,
फिर तुम सब कुछ होकर भी,
बस आँसू क्यूँ बहाते हो ।

सूखा, निर्झर सा वृक्ष खड़ा,
सूखी पत्तियां, मूक लता,
फिर भी देखो ये जिये जा रहे,
उम्मीद को भीतर सिये जा रहे,
और तुम ऐशोआराम पाकर भी,

खुद को बेबस बताते हो |

पतझड़ बसंत का करती इंतज़ार,
लिए उम्मीद कि आएगी बहार,
आज अगर है वह बेरंगी,
कल रंगों की होगी बौछार,
और तुम जीवन के फीके रंगो को,
अपनाने से इतराते हो |

तिनका तिनका जोड़ें हैं पंछी,
मेहनत करते रहते हर घड़ी,
आशियाँ अपना बनाते खुद ही,
उम्मीद जीने की जगाते नित नई,
और तुम चलते फिरते इंसां होकर,
केवल आलस दिखलाते हो |

मीन जलध में साँसे गिनती,
उम्मीद किये अपने जीने की,
दीपक की लौ से रोशन हो महफ़िल,
सबकी उम्मीदों की लाज रखती,
और तुम पल में ही इस जीवन के,
संकट से ढह जाते हो |

उम्मीद तो है एक आश्वाशन जीने का,
वर्ना क्या है भरोसा इस जीवन का,
कब मौत को गले लगाना पड़ जाये,
क्या पता किसी को अपने ही मरने का,
फिर छोड़े उम्मीदों का दामन,
नाउम्मीदी क्यूँ दिखलाते हो |

डॉ. सोनिया गुप्ता

क्या हुआ जो आज ग़म आया,
कल होगी सुख की भी छाया,
मन तेरा क्यूँ इतना घबराया,
जीवन का मतलब क्यूँ ठुकराया,
सौगात ईश की है यह जीवन,
क्यूँ इसको व्यर्थ गँवाते हो |

2. अभिनंदन

बुझकर भी जलते रहें जो दीप,
रोशनी उनका अभिनंदन करती है,
बिन गरजे भी बरसें जो मेघ,
वर्षा उनका अभिनंदन करती है |

जान गयें हों जो गिरकर सम्भलना,
सफ़लता उनका अभिनंदन करती है,
मुश्किलों से जूझकर भी जो बढ़ जाएं आगे,
मंज़िल उनका अभिनंदन करती है |

हर ग़म में भी छिपा लें जो आँसू,
मुस्कुराहट उनका अभिनंदन करती है,
जानें आगे ही आगे जो बढ़ना,
बुलंदी उनका अभिनंदन करती है |

ख़्वाब नयन में जो देखें ऊँचे,
हक़ीक़त उनका अभिनंदन करती है,
जीते जो हर पल दूजों की ख़ातिर,
दुआ उनका अभिनंदन करती है |

समझ सकें जो किसी के दर्द को,
ख़ुशी उनका अभिनंदन करती है,
सहना जान गयें हों जो कड़ी धूप को,
छाँव उनका अभिनंदन करती है |

डॉ. सोनिया गुप्ता

तूफ़ानों में भी जो रहें अडिग,
कश्ती उनका अभिनंदन करती है,
बेरंग पतझड़ को भी जो अपनाते,
बासंती उनका अभिनंदन करती है |

मौत का भी न रखें ख़ौफ़ जो मन में,
मुक्ति उनका अभिनंदन करती है,
जान गए हों जो अर्थ इस 'ज़िंदगी' का,
'ज़िंदगी' उनका अभिनंदन करती है |

3. वो सुबह

जब काली रजनी को घेरे, तम का अँधियारा ढलकेगा,
जब नई किरण को संग लिए, सूरज अंबर में चमकेगा,
हर ओर उजाला ही होगा, भोर नई खिलखिलाएगी,
वो सुबह कभी तो आएगी ।

जब दूर निराशा होगी जग से, उजला होगा हर कोना,
पूरा होगा जो भी देखा, इन नैनों ने स्वप्न सलोना,
हर चेहरे पर रौनक होगी, दूर उदासी जाएगी,
वो सुबह कभी तो आएगी ।

जब सुख का सागर छलकेगा और गम का बदल सरकेगा,
मीठी वाणी के बोलों से, मधुरिम सा रस बरसेगा,
हर हृदय में होगा नेह भरा, नफ़रत दिल की मिट जाएगी,
वो सुबह कभी तो आएगी ।

जब पतझड़ में भी पुष्प खिलेंगे, छाएगा मधुमास धरा पर,
रिमझिम रिमझिम बरखा होगी, आएगा मल्हार धरा पर,
झूम उठेंगे सागर, नदिया, सृष्टि नगमें गाएगी,
वो सुबह कभी तो आएगी ।

जब सच का होगा आगाज़, झूठ, कपट का होगा अंत,
टूटेंगी गुलामी की ज़ंजीरें, हर शख़्स यहां होगा स्वतंत्र,
आवाज़ उठेगी न्याय भरी, बदलाव नया सा लाएगी,
वो सुबह कभी तो आएगी ।

सुख दुःख जीवन के दो हिस्से, आते हैं और जाते हैं,
कुछ दिन होते हैं हर्ष भरे, कुछ बेरंगी बन जाते हैं,
जब जीवन को जीने की, यह बात समझ आ जाएगी,
वो सुबह कभी तो आएगी |

4. आत्मविश्वास

तुम खुद में रखो विश्वास,
दूसरों से क्या मांगते हो,
स्वयं को भूल जाते हो,
औरों को ही खुदा जानते हो |

स्वयं ही तुम अपने मित्र हो,
स्वयं ही शत्रु बन हो सकते,
जिस भी राह पर ले जाओगे खुद को,
पड़ जाओगे उस ही रास्ते |

संकट की घड़ी जब आये,
क्या कोई काम आता है,
इक बार, दो बार सही,
क्या हर बार साथ निभाता है |

विपत्ति, दुविधा, जब भी आए,
मन उलझन में फँसता जाए,
'आत्मविश्वास' ही है वो औज़ार,
जो हर पल तुम्हारा साथ निभाए |

दूसरों से मान प्राप्ति की अपेक्षा,
क्यूँ अपने मन में लाते हो,
तुम स्वयं ही स्वाभिमानी बनो,
क्यूँ व्यर्थ समय गंवाते हो |

इक बार दृढ़ निश्चय कर के देखो,
तुम लक्ष्य तक पहुंच जाओगे,
खुद का विश्वास पाकर ही,
तुम भय मुक्त हो पाओगे |

आत्मविश्वास ही है इक सच्चा मित्र,
जो उन्नति तक ले जाये,
यह ही वो इक अन्तर्शक्ति,
जो जीने की राह आसान बनाये |

5. हार से हार मत मानो

हारने से क्यों डरते हो तुम,
हार से हार मत मानो तुम,
यदि जीवन में कुछ करना है हासिल,
तो हार को गले लगाओ तुम |

असफलता सफलता की सीढ़ी है,
गिरकर सम्भलना ही तो जिंदगी है,
आंसू तो केवल मज़बूरी है,
आंसू कभी न बहाओ तुम |

हार का कारण पहचानो तुम,
बहाने अधिक न बनाओ तुम,
किस्मत और समय को दे दोष,
नकारात्मक विचार मत लाओ तुम |

हारना तो इक ठोकर है,
ठोकर लग कर उठ जाओ तुम,
गलतियों से कुछ सीखो अपनी,
पर गलती को मत दोहराओ तुम |

मकड़ी भी अपना जाला बुने,
पंछी घोंसला तिन तिन चुने,
तुम तो फिर इक चलता इंसान,
हिम्मत थोड़ी जुटाओ तुम |

डॉ. सोनिया गुप्ता

समंदर की लहरों की तरह,
इक नई तरंग जगाओ तुम,
हार को जीत में बदलना हो,
तो दृढ़ निश्चय दिखाओ तुम |

6. हृदय की भाषा

बोलने से ही सब कुछ नहीं होता व्यक्त,
शांत रहकर भी कट सकता है वक़्त,
वास्तविक शुद्धता को जान सका है कौन,
हृदय की भाषा कहलाती है मौन |

चाँद, सूरज बिन बोले चलते रहते,
तारे भी शांत रहकर टिमटिम करते,
धरती चुप्पी साधे घूमती रहती,
मौन रहना है कुदरत की प्रवृति |

बीज शांत पड़ा रहकर पोषण पाए,
इक विशाल वृक्ष बन जाए,
जिसकी शीतल छाया बस,
मौन रहकर सब कुछ कह जाए |

फूल मूक रहते हैं हर पल,
पर अपने रंगो से हमें लुभाते,
इनकी ख़ुशबू से महक उठे सृष्टि,
मौन रहकर भी सुंदर है प्रकृति |

पर्वत, पहाड़ भी मूक ही रहते,
फिर भी सब को आकर्षित करते,
नदिया का इक शांत किनारा,
मौन रहकर भी लगता है प्यारा |

डॉ. सोनिया गुप्ता

ईंट पत्थरों से घर बन जाते,
ये सब भी तो मौन ही रहते,
इनके बने हुए संग्रह को,
मंदिर, मस्जिद, गिरिजाघर कहते |

पुस्तकें ज्ञान का भंडार कहलायें,
मूक रहकर भी सब कुछ कह जाएं,
इनकी मौन वाणी में तो,
सारी सृष्टि पास नज़र आये |

आँखे हर पल चुप हैं रहती,
पर फिर भी हर हाल हैं कहती,
कान मूक रहते हैं फिर भी,
सुन लेते हैं हर इक ध्वनि |

जब इतना कुछ सम्भव है बिन बोले,
तो क्यूँ वाणी को दूषित करें,
मन की शांति चाहे न कौन ?
हृदय की भाषा कहलाती है मौन |

7. चिंता

चिंता काहे को करते हो,
जो होना है वो होना है,
सोच सोच कर व्यर्थ यूँ ही,
समय काहे को खोना है |

चिंता पर से बिंदु हटा,
चिंता बन जाती है चिता,
चिता में क्या कुछ बचता है ?
फिर काहे चिंता करता है ?

तू जाने तूने क्या किया,
अपना फ़र्ज़ निभा दिया,
बाकी फल तो उस ने देना है,
तू काहे अपेक्षा रखता है |

चिंता ही सब कष्टों का कारण,
चिंता बिना सुखमय हो जीवन,
पास इसे मत आने दो,
वर्ना दुखी रहेगा ये मन |

चिंता से खंडित सब ध्यान,
चिंता बिना सरल सब काम,
छोड़ दे इस चिंता को अकेला,
तू केवल कर अपना काम |

डॉ. सोनिया गुप्ता

जितने सुख दुःख हिस्से में लिखे,
वो सब तो सहने ही पड़ें,
यही है जीवन की सत्यता,
फिर काहे न छोड़े तू चिंता ?

जब तक चिंता तेरे साथ रहेगी,
मन को भी चिंतित ही करेगी,
यदि चाहे जीना हसी ख़ुशी,
तो चिंता को न बना साथी |

8. सुंदरता

सुंदरता तन से नहीं,
मन से होती है,
स्वच्छ निर्मल मन ही,
सब से कीमती मोती है |

तन पर सुंदर वस्त्र पहने,
सजा रखे हैं कीमती गहने,
मन में लेकिन खोट भरा,
क्या यही है सुंदरता ?

सुंदर तो अच्छे कर्म बनायें,
बुरे कर्म कुछ काम न आएं,
गोरा रंग रूप हो कितना,
मन का मैल उसे फ़ीका बनाये |

कोयल को ही देखो, तन से तो है काली,
पर कितनी मधुर है इसकी वाणी,
कौए भी कहलाते काले,
पर मेहमान आने का पैगाम फट दे डालें |

काली भैंस कुरूप सी लागे,
पर दूध इसका श्वेत सा भावे,
काजल भी तो काला ही होता,
पर नैन डालें चक्षु चमकावे |

डॉ. सोनिया गुप्ता

कीचड़ से भरा रहता किनारा,
अपने में ही लगता है न्यारा,
इतना कुरुप होकर भी,
पेड़ पौधों का बनता है सहारा |

सावन में काले बदल घिर घिर आते,
सब के मन को फिर भी वो भाते,
चाँद, तारे जो लगते बड़े प्यारे,
काली रजनी का ही आश्रय हैं पाते |

हीरा सब से अनमोल रत्न,
पर काले कोयले की लेता शरण,
खुद 'कृष्ण कन्हैया' साँवले सलोने,
पर सब से सुंदर लगते हैं मोहन |

फिर क्यूँ इस तन के पीछे भागो ?
क्यूँ काया को ही सुंदर मानो ?
कर्म क्यूँ नहीं ऐसे करते,
जिस से हृदय भी निर्मल हो जाये |

तन की मैल तो फिर भी धुल जाये,
मन का खोट उसे खोखला बनाये,
देखो सब को मन की दृष्टि से,
कुरूप भी सुंदर दिख जाये |

जितने चाहे पा लो तुम मोती,
सुंदरता तो मन से ही होती,
कर्म, विचार यदि हों अच्छे,
अंधेरे में भी हों जाये ज्योति |

९. प्रेम

'प्रेम' इक प्यारा सा शब्द,
दो दिलों की जो बांधे नब्ज़,
आधार है यह हर बंधन का,
तोड़ है यह हर उलझन का |

पावन जैसे गंगा का जल,
ज्यूँ शीतल ममता का आँचल,
प्रेम पवित्र है, प्रेम है निर्मल,
प्रेम सौम्य है, प्रेम है निश्छल |

काँटों का उन पुष्पों से जो,
सागर का उन लहरों से जो,
काजल का उन नैनों से जो,
प्रेम प्रीत है न टूट सके जो |

चंदा का उस नील गगन से,
भँवरों का खिलते उपवन से,
सजनी का अपने साजन से,
प्रेम भाव छलके तन मन से |

मीरा का मोहन गोपाला,
राधा का वो बंसी वाला,
शबरी का रघुवीर दयाला,
प्रेम तो है भक्ति का प्याला |

मुर्दे में भी साँसें भर दे,
शत्रु को भी अपना कर दे,
बंजर जमीं को गुलशन कर दे,
प्रेम शक्ति है, सब सम्भव कर दे |

प्रेम तो इक ऐसा औज़ार,
बिन वाणी के करता वार,
प्रेम का दीप जगे इक बार,
मन का मिट जाए सब खार |

हर ज़र्रे में प्रेम भरा है,
प्रेम से सारा जगत सजा है,
प्रेम से पुलकित खुद वो ख़ुदा है,
प्रेम बिना यह जीवन क्या है |

10. शब्द

शब्दों से संसार है,
जीवन का आधार है,
शब्द बनें मरहम कभी,
कभी तेज़ तलवार हैं ।

शब्दों से ही आन है,
इनसे ही अपमान है,
इन शब्दों से ही होता,
ईश्वर का गुणगान है ।

शब्दों से ही ग्रन्थ हैं,
इनसे ही सब मंत्र हैं,
इनका ज्ञान पाकर ही,
पैदा होते संत हैं ।

शब्दों से ही कविता है,
इनसे ही ही गीता है,
इनसे ही यादें बनती,
इनसे ही बहती सरिता है ।

शब्दों से मुस्कुराहट है,
इनसे ही कड़वाहट है,
इनसे ही मिलता सुकूँ,
इनसे ही घबराहट है ।

शब्दों से ही वाणी है,
बनती कोई कहानी है,
इनसे ही बनते किस्से,
इनसे ही ज़िंदगानी है |

शब्दों से स्वर ताल है,
इनसे बने बवाल है,
क्या वर्णन इनका करें,
जादू बड़ा कमाल है |

11. मुस्कुराहट

मुस्कराहट एक ऐसा अनोखा नकाब है,
चेहरा जिस से हो जाता लाजवाब है,
ग़म जो भी किसी के अंदर दबा होता है,
ये मुस्कराहट उसे छिपाने में कामयाब है |

आजमाकर देख लो चाहे ये नुस्खा हमारा,
मुश्किलों को भगाने का इक साधारण इलाज है,
बिन रिश्वत, बिन मेहनत के बन जाए हर काम,
ये इस मुस्कराहट का जादुई अंदाज़ है |

ये दुनिया बड़ी अनोखी है तुम्हें मालूम है,
सराहेगी जब तक मुस्कराहट तुम्हारे पास है,
दोस्त, रिश्ते, नाते न जाने कब तक दें साथ तुम्हारा,
पर हर पल ये मुस्कराहट देती तुम्हारा साथ है |

जब भी तन्हाई का हो अँधेरा पास तुम्हारे,
तब दूर करती सब रुस्वाई बस ये मुस्कराहट है,
जब अकेले हो खड़े हम घिरे अपनी मुश्किलों से
तब होंसला बढ़ाती बस ये मुस्कराहट है |

जिंदगी में बढ़ना हो आगे तो बस मुस्कराते रहो हमेशा,
क्योंकि इस छोटे से शब्द से पूरा होता हर बड़ा ख़्वाब है,
हसीं बन जाता है ज़िंदगी का यह सफ़र,
मुस्कुराहट एक ऐसी कीमती सौगात है |

12. क्यूँ सोचते हो

क्यूँ सोचते हो कि तुम बुरे हो,
ज़रा ख़ुद से पूछो कि तुम कितने बुरे हो ।

इक इंसान को पता है सब,
क्या है झूठ और क्या है सच,
क्या है उसकी खामियां,
क्या है उसकी खूबियां,
हर कोई नहीं परिपूर्ण यहां,
तुम सच जीवन का जानो हो,
फिर भी कहोगे कि तुम बुरे हो ?

बुरे तुम नहीं, बुरा काम है जो करो,
जो तुम्हें बुरा बनाए, ऐसा काम ही क्यूँ करो,
तुम ही तो कहते हो कि तुम्हें उस ख़ुदा पर यकीं है,
फिर क्यूँ उसके यकीं को तोड़ते हो?
उसने दिया है एक अमूल्य जीवन तुमको,
बुरा ख़ुद को कहकर क्यूँ उसे बिखेरते हो ?
तुम्हारे अंदर ही है वो ख़ुदा,
जो हर पल तुम्हें निहारे सदा,
उसी ने बनाया तुम्हें अपने हाथों से,
फिर भी कहोगे उससे कि तुम बुरे हो ?

डॉ. सोनिया गुप्ता

जो गुज़र गया उसे भूल जाओ,
जो पास है उसे तो निभाओ,
किसी को एक पल ही सही,
सच्चे मन से प्यार दो,
किसी बेसहारे को सहारा देकर,
उसका जीवन सँवार दो,
मन में बुराई का ख़्याल भी आए,
तो उसे निकाल दो,
फिर देखो कि तुम क्या कर गुज़रे हो,
और फिर कभी मत कहना कि तुम बुरे हो |

13. पुष्प एक उपवन के

एक ही है धरती हम सब की,
जिसकी गोदी में हमने जन्म लिया,
एक ही है अंबर हम सबका,
जिसने हमें आश्रय दिया,
हम सब तारे नील गगन के,
पुष्प हैं हम सब एक उपवन के |

एक ही जल ने सींचा हमें,
एक ही मिट्टी ने पोषण दिया,
एक चाँद ने दी चाँदनी,
एक सूर्य ने ताप दिया,
झूले झूलें हम एक ही सावन के,
पुष्प हैं हम सब एक उपवन के |

रंग अलग, और अलग है भाषा,
अलग सभी के वेश और भूषा,
धर्म अलग है, रीत अलग है,
जात अलग है पात अलग है,
पर बालक तो हम एक भगवन्न के,
पुष्प हैं हम सब एक उपवन के |

देह अलग है, अलग है तन मन,
अमीर है कोई, कोई है निर्धन,
पर सबने पाए एक ही अंग,
बहता सबमें रक्त लाल रंग,
सब देखें हैं रूप जीवन के,
पुष्प हैं हम सब एक उपवन के |

आओ जीवन यह जी लें मिलकर,
चलें हाथ में हाथ पकड़कर,
छोड़ दें अब यह तेरा मेरा,
मिलकर लाएं नया सवेरा,
मिलकर बाँटें सब दुःख मन के,
पुष्प हैं हम सब एक उपवन के |

14. चलो निराशा दूर भगाएं

चलो निराशा दूर भगाएं,
आशा का इक दीप जलाएं ।

पंख लगा आशा के उड़ते,
लहरों के सम ऊँचा उठते,
आओ हम सब नभ को छू लें,
मन में स्वप्न सलोने बुन लें,
चलो नया कुछ कर दिखलाएं ।

जैसे मछली रहती जल में,
जीव कई रहते हैं थल में,
भँवरे मँडराते कलियों पर,
बूँद ओस की हो पत्तियों पर,
हम मस्ती में नाचे गाएं ।

जैसे ऊँची उड़े पतंगा,
लहराता है प्यारा झंडा,
कश्ती तैरे ज्यूँ पानी में,
बच्चे खोएं मनमानी में,
हम भी ऐसे ही मुस्काएं ।

डॉ. सोनिया गुप्ता

दो दिन का है अपना जीवन,
संग शूल के खिलता उपवन,
मुश्किल आए चाहे कितनी,
हिम्मत ना पर टूटे अपनी,
मिट जाएंगी खुद बाधाएं |

15. विपत्ति जब भी आती है

विपत्ति जब भी आती है,
बस कायर को दहलाती है,
पर जो इसको अपना लेते,
ये उनका साथ निभाती है ।

जो कभी नहीं विचलित होते,
क्षण एक नहीं धीरज खोते,
ये उनको मार्ग दिखाती है,
ये उनका साथ निभाती है ।

विघ्नों को जो गले लगाते,
काँटों में जो राह बनाते हैं,
ये उनको चमन दिखाती है,
ये उनका साथ निभाती है ।

उफ़ तक ना करते जो मुख से,
दृढ निश्चय रखते जो मन में,
ये हिम्मत उन्हें दिलाती है,
ये उनका साथ निभाती है ।

जो संकट में ना ढहते हैं,
जो आन पड़े सब सहते हैं,
ये सहना उन्हें सिखाती है,
ये उनका साथ निभाती है ।

डॉ. सोनिया गुप्ता

जो खुद आगे बढ़ जाते हैं,
जो सत्य मार्ग अपनाते हैं,
ये आगे उन्हें बढ़ाती है,
ये उनका साथ निभाती है |

जो जानें राज़ 'विपत्ति' का,
ना रखते भय आपत्ति का,
ये उनको विजय दिलाती है,
ये उनका साथ निभाती है |

16. वक़्त

वक़्त वक़्त भी इक कमाल की चीज़ है,
पल भर में जो सब कुछ बदल सकता है,
आज अगर ख़ुशी है दामन में तो,
कल काँटे भी बिखेर सकता है |

वक़्त इक लम्हा है जो कभी किसी के लिए नहीं रुकता,
इसकी कीमत को जो न जाने, वो कभी ऊपर नहीं उठता,
वक़्त की जो करे कदर, वो कभी नहीं झुकता,
पर वक़्त को जो करे नष्ट, वक़्त उसको नष्ट है करता |

वक़्त इक ऐसा औज़ार है, जो बना दे निर्धन को धनवान,
निर्बल भी बन जाता है बलवान,
मूर्ख को भी मिल जाता है ज्ञान,
इसकी माया से सब अनजान |

इस दुनिया में भी तो हर चीज़ का होता है वक़्त,
सूरज, चाँद, तारे भी हैं वक़्त के पाबंद,
पर जब बेवक़्त हो जाती है कोई घटना,
मिट जाती है उस ख़ुदा की भी रचना |

मौत भी तो वक़्त पर है आती,
बेवक़्त मौत भी दुःख दे जाती,
जब ये जीवन भी है वक़्त का दास,
तो इंसान को इसकी कीमत क्यों नहीं समझ आती ?

डॉ. सोनिया गुप्ता

इस वक़्त की कीमत को समझो इंसान,
वक़्त है बहुत ही बलवान,
कदर करोगे तो पाओगे सब मान,
अन्यथा धूल में भी न रहेगा निशान |

वक़्त को अपना मित्र बना लो,
इसका सदुपयोग कर सब गुण पा लो,
कहीं ऐसा न हो कि ये हाथ से निकल जाये,
फिर याद आये...कि तुमने क्या खोया और क्या पाया,

बड़ी अजब है इस वक़्त की माया |

17. प्रेरणा

ऐसी रहमत हो मुझपे उस ख़ुदा की,
प्रेरणा बन पाऊँ मैं यहां किसी की,
कारण बन पाऊँ किसी की मुस्कराहट का,
चाहे दो पल की ही दे पाऊँ उसको ख़ुशी |

कोई देख के मुझको सीख जाये जीना,
नाम दे दे मुझे 'ज़िंदगी',
जब ज़िक्र करे कोई अपनी यादों की,
उन यादों में शामिल हो जाऊँ मैं भी |

जब भी दे कोई उदाहरण संघर्षों से जीने का,
उनमें से एक कहलाऊँ मैं भी,
जब भी कोई बात करे दोस्ती और वफ़ादारी की,
याद करे मुझको की कैसे निभाई मैंने हर रीत |

जब भी कोई अजनबियों को गिने अपनों में,
कहलाऊँ मैं उनकी इक हबीब,
चाहे मौज़ूदगी न हो मेरी किसी महफ़िल में,
पर याद करा दे कीमत मेरी गैर मौज़ूदगी की |

ऐ प्रभु ! यह ज़िंदगी, ये साँसें, तेरी ही दी हुई हैं मुझे,
अपनी रहमतों का साया न करना दूर मुझसे कभी,
कहते हैं कि नहीं ये ज़िंदगी संवरती सभी की,
कुछ तो सफल बना लूँ इसे मैं बन कर प्रेरणा किसी की |

डॉ. सोनिया गुप्ता

बस ऐसी देना तू मुझे ज़िंदगी,
सतकर्म हमेशा करती जाऊँ,
कल जब आऊँ समक्ष मैं तेरे ऐ मालिक,
गर्व से मैं अपना शीश झुकाऊँ |

18. किताबें

किताबें सिर्फ़ अक्षरों का मेल ही नहीं,
ज्ञान का भण्डार हैं,
मिलता इनसे केवल ज्ञान ही नहीं,
ये जीवन का आधार हैं |

माँ बाप और शिक्षक के बाद,
ये ही हैं जो सच्ची दोस्त कहलाएँ,
सत्य मार्ग ही सदा दिखाएँ,
गलत दिशा में न ले जाएँ |

शिक्षक जो हमको ज्ञान दिलाए,
खुद भी तो ज्ञान इन्हीं से पाए,
इनके अक्षरों में तो छिपे,
हर राज़ सृष्टि का नज़र आए |

टैगोर, शेक्सपिअर जैसे लेखक,
जो आज नहीं हैं जीवित इस जग में,
इन किताबों से दोस्ती करके ही,
अपना नाम अमर कर पाए |

ये किताबें तो दुःख सुख की हैं साथी,
जो किसी भी वक़्त हैं साथ निभाती,
जब ग़म के बादल लेते हैं घेर,
तो अपनी वाणी से ये हमें हँसाती |

डॉ. सोनिया गुप्ता

किताबें भी होती बड़ी कमाल,
खुद ही करती कितने सवाल,
और इन्हीं में छिपा होता है जवाब,
है न ये कितनी लाजवाब |

इस जीवन में कोई भी धोखा दे दे,
पर किताबें कभी विश्वास न तोड़ें,
इनसे तो मिलता है अनमोल ज्ञान
ये निस्वार्थ भाव ही सदा दिखलायें |

इनका दरवाजा सब के लिए खुला,
ये सब को अपने पास बुलाए,
जो इनके करीब आ जाए,
वो अपना मार्ग कभी न भूल पाए |

ये तो चुप रहकर भी बोले जाती,
जब मन में उलझन आ जाती,
किताबें पढ़ सब सुलझ जाती,
इनकी बातें कभी व्यर्थ न जाती |

इनसे दोस्ती जिसने हो कर ली,
उसको किसी की ज़रूरत नहीं पड़ती,
इनको अपना मित्र बना कर,
अज्ञानी को भी बुद्धि मिलती |

इतनी बड़ी दुनिया में हमको,
हर चीज़ एक साथ नहीं मिलती,
पर किताबों की सुर्खियों में,
ये सब चीज़ें करीब हैं लगती |

किताबें हमको सब कुछ दे सकती,
केवल हमसे इक आशा रखती,
हम समझें इनकी कही बातें,
बस और न कुछ भी चाहत इनकी ।

किताबों को दो प्रभू का दर्ज़ा,
करो सदा ही इनकी पूजा,
इनका करो सदा सम्मान,
पाओगे तुम सच्चा ज्ञान ।

19. हक़ीक़त और कल्पना

कितनी अच्छी होती है यह कल्पना,
हक़ीक़त में जो न मिल पाये,
दे जाती है यह कल्पना |

जिन चाँद सितारों को छू न सकें हम हक़ीक़त में,
पास उनके ले जाती है यह कल्पना,
जिन बुलंदियों तक न पहुंच सकें हम कभी,
उन तक पहुँचाती है यह कल्पना |

सागर की लहरों को छू न सकें हक़ीक़त में हम अपनी,
पर उनका एहसास करवाती है यह कल्पना,
समंदर के जिन किनारों पर बैठने से लगता है डर,
बड़े उल्लास से वहां भी बिठाती है यह कल्पना |

बिन पंखो के ही उड़ना सिखाती है यह कल्पना,
जो जी में आये करवाती है यह कल्पना,
बिछड़े लोगों से भी मिलाती है यह कल्पना,
बेरंग जीवन में रंगो को बिखराती है यह कल्पना |

गरीब को दे दो पल ऐशोआराम का एहसास यह कल्पना,
किसी अनपढ़ को पढ़ा दे किताबों का पाठ यह कल्पना,
नन्हें बालक को यौवन का आनंद करवाती है यह कल्पना,
इक युवक को बचपन में ले जाती है यह कल्पना |

हक़ीक़त से तो बहुत अच्छी है शायद यह कल्पना,
जो ख़्वाब न हो पाएं सच, उन्हें हक़ीक़त बनाती है कल्पना,
ज़रूरी नहीं हर चीज़ मिल जाये हकीकत में,
पर हर चीज़ पास महसूस करवाती है यह कल्पना |

20. जागो मन के सजग पथिक

जागो मन के हे सजग पथिक,
कुछ करके अब दिखलाना है,
नफ़रत के इस अँधियारे में
प्रेम का दीया जलाना है |

भूले अपना फर्ज़ हैं सारे,
डूबे सबके भाग्य सितारे,
सोये हैं जो चादर ताने,
उन सबको आज जगाना है |

जाने कैसी आंधी आई,
पतझड़ ही पतझड़ है छाई,
उजड़े हुए चमन को हमने,
फिर से अब महकाना है |

नाम सत्य का मिट न पाए,
झूठ राह कोई न जाए,
हमने अपनी मातृभूमि को,
हीरे सा चमकाना है |

खोये हैं जो तन्हाइयों में,
ढूंढें हैं परछाईयों में,
हँसना जो भी भूल गये,
उन सबको हमें हँसाना है |

जीवन मुश्किल है ये पाना,
जाने फिर कब वापिस आना,
कर्म नेक करके ही हमने,
जीवन को सफल बनाना है |

21. बेबस को रुलाना जीत नहीं

अपनों को हराना जीत नहीं,
बेबस को रुलाना जीत नहीं ।

खुद तो करो नहीं तुम मेहनत,
चाहो तुम बस धन और शोहरत,
छल को अपनाना जीत नहीं ।

अपने मतलब की ख़ातिर तुमने,
वादे झूठे कर डाले कितने,
वादों को भुलाना जीत नहीं ।

लालच में आग लगा देते,
खुशियाँ सबकी दफ़ना देते,
घर बार जलाना जीत नहीं ।

शानो-शौकत दिखलाते तुम,
अपना सब रोब जताते तुम,
यूँ हुक़्म चलाना जीत नहीं ।

ये जीवन है इक जंग बड़ी,
हर पल है संकट की घड़ी,
बस बातें ही बनाना जीत नहीं ।

कर्मों का फल सब पाते हैं,
इससे ना बच पाते हैं,
निज कर्म छुपाना जीत नहीं |

जो आज तेरा, कल न होगा,
कल और किसी का हक़ होगा,
छल से हक़ पाना जीत नहीं |

22. सच और झूठ

इस दुनिया में सरल हो सकता है हर काम,
कठिन है तो ज़ुबां पर लाना सच का नाम |

सच शब्द है केवल दो अक्षरों का योग,
पर अपनाने से इसको क्यूँ डरते हैं लोग ?

सच तो होता है एक कड़वा जाम,
पीकर इसको जीवन बन जाता सुख धाम |

सच का दामन थाम लेता है जो शख़्स,
उसको नहीं होता कोई कष्ट |

सच ही धूप हो और सच ही छाँव,
तो आसान बन जाये जीवन की हर राह |

सच की ख़ातिर शहीद हो गए न जाने कितने वीर,
'सत्यमेव जयते' का नारा लगते हैं सारे फ़क़ीर |

अदालतों में भी लड़े जाते हैं मुक़्क़दमें सच और झूठ के,
पर अंतिम निर्णय तो होता है 'सत्यमेव जयते' |

चाहे बहुत कठिन होता है इस सच का साथ,
पर इंसान का नहीं खोता है आत्मविश्वास |

पर ये कैसा युग आ गया है आज,
कहाँ चली गई है इस सच की आवाज़ ?

इसी सच को दबाने के लिए क्या क्या कर रहें हैं लोग,
झूठ, कपट, धोखाधड़ी बन गये हैं उनके दोस्त ।

सच तो बिक रहा है मुंहमांगे दाम,
झूठ का नकाब ओढ़े छिप जाता है इस सच का नाम ।

तभी तो इंसान का चैन और सकून कहीं खो गया है,
क्यूँकि अब तो झूठ का ही बोलबाला हो गया है ।

पर फिर भी दुआ है मेरी उस ख़ुदा से,
कि झूठ और कपट से जीना न पड़े कभी मुझे ।

मुश्किलें हों राह में चाहे कितनी हज़ार,
सच ही बना रहे मेरा एक मात्र औज़ार ।

दुनिया की नज़रों में चाहे मैं शत्रु बन जाऊँ,
पर उस खुदा के समक्ष तो पाक कहलाऊँ ।

23. लेखनी का सार

स्याही में डूबे मन के विचार,
कोरे कागज़ पर देती है उतार,
इसके होने से बन पाया,
ज्ञान का इक असीम भण्डार |

दिखने में है नन्हीं सी यह,
मूक भले ही रहती है यह,
फिर भी कह जाती सब कुछ,
समाए सागर सा भेद अपार |

परछाई भी साथ न दे जब,
हाले दिल न सुने कोई जब,
सबसे सच्ची दोस्त है बनती,
हल्का कर दे मन का भार |

वक़्त की कोई सीमा न होती,
लिखती हैं आँखें भी सोती,
जब मन आये इसे चला लो,
करती नहीं कभी इन्कार |

ख़्वाबों की दुनिया में ले जाए,
बेरंग तस्वीर में रंग भर जाए,
चाँद, तारे छू ले कोई भी,
कल्पनाओं का ये सजाती बाज़ार |

कभी माँ की ममता लिखती,
कभी दुखी की व्यथा लिखती,
लिखती सब रिश्तों का हाल,
दुल्हन का लिखती श्रृंगार ।

सावन, बसंत, पतझड़ लिखे,
नदिया, कूप, समन्दर लिखे,
हर एहसास को रखती पास,
लिखती है प्रेमी का प्यार ।

न बंदिश इसको है भाषा की,
न किसी से इसने है आशा की,
चलती जाती है बिन्दास,
जैसे बहती जल की धार ।

शिक्षक जो ज्ञान सबको दिलाता ,
खुद भी ज्ञान इसी से पाता,
दीपक ज्ञान का यह जगाकर,
करती है सबका उद्धार ।

शब्दों में इसके इतनी ताकत,
पल में बयाँ करती हक़ीकत ,
बिना डरे आगे है बढ़ती,
दिलवाती है सबको अधिकार ।

डॉ. सोनिया गुप्ता

सोच बदलती यह पुरानी,
सीख देती लिख कर कहानी,
अनमोल सा तोहफ़ा है इस जग का,
बदला जिसने सारा संसार |

जो इस जग का मालिक कहलाये,
वह प्रभू नाम भी यह लिख जाए,
गीता, रामायण, जैसे कितने,
इसने लिख डाले हैं सार |

कौन कहे बेजान है लेखनी,
सारे जग में महान है लेखनी,
अद्भुत रचना है उस रब की,
शत शत नमन है बारम्बार |

मूक नहीं इसको तुम समझो,
ताकत इसमें बहुत छिपी है,
जंग हरिक यह लड़ है सकती,
ये सबसे बलशाली औज़ार |

24. हर लम्हा ही मुस्काना तुम

जीवन में कैसा पल आए,
यौवन चाहे ये ढल जाए,
पर कभी नहीं घबराना तुम,
हर लम्हा ही मुस्काना तुम।

भोर खिले या सांझ ढले,
जग सारा तुमको छोड़ चले,
पर ख़ुद को नहीं भुलाना तुम,
हर लम्हा ही मुस्काना तुम।

तन्हाई का इक मंजर हो,
अश्कों का भले समन्दर हो
पर आंसू नहीं बहाना तुम,
हर लम्हा ही मुस्काना तुम।

चंदा और सितारे छूकर,
रंग नयन में अपने भरकर,
सपने खूब सजाना तुम,
हर लम्हा ही मुस्काना तुम।

महफ़िल चाहे हो वीरानी,
हर चीज भले हो बेगानी,
पर आशा नहीं मिटाना तुम,
हर लम्हा ही मुस्काना तुम।

25. पहली बार

जीवन में हर चीज़ पहली बार होती है,
हर बात की इक नई शुरुवात होती है |

पहली बार ही एक माँ जन्म देती अपने शिशु को,
पहली बार ही सहती पीड़ा, फिर भी माने ख़ुशी इसी को,
पहली बार ही एक नन्हा बालक अपने चक्षु खोलता है,
पहली बार ही मुख से अपने दो शब्द वो बोलता है |

पहली बार ही तो देखते हैं हम किताबों का भंडार,
पहली बार ही जानें हम क्या होता है शिक्षा का सार,
पहली बार ही तो गलती करते हैं हम सभी,
पहली बार ही तो चढ़ते हैं सफ़लता की सीढ़ी |

पहली बार ही एक पंछी फ़र फैलाकर उड़ता ऊँची उड़ान,
पहली बार ही एक योद्धा लड़ता है अपना सीना तान,
पहली बार ही किसी के हुस्न का दीदार होता है,
पहली बार ही किसी से सच्चा प्यार होता है |

पहली बार ही नया अनुभव होता है,
पहली बार ही तो कोई पर्व होता है,
पहली बार ही हम देते कोई परीक्षा,
पहली बार ही हासिल करते जीविका |

जब मालूम है हमें कि हर चीज़ पहली बार होती है,
जब जानते हैं हम कि हर बात की नई शुरुवात होती है,
फिर क्यूँ डरते हैं हम कुछ भी करने से पहली बार ?
क्यूँ नहीं रहते हर संघर्ष के लिए तैयार |

उठो, कदम अपने ये बढ़ाओ,
'पहली बार' से मत घबराओ,
हर कार्य किया जो पहली बार,
देता अनुभव हमें हज़ार |

26. सपने

सारा जहान जब सो रहा होता,
रात की कालिमा में कोई पास न होता,
तो ये स्वप्न बन के आते हैं साथी,
जिनके साथ से अकेलापन सब दूर होता |

ये सपने भी बड़े अजब से नज़र आएं,
कभी तो इक ख़ुशी की उम्मीद जगाएं,
कभी खुद ही भय को बढ़ाते,
किसी के ये बैरी, तो किसी के मीत बन जाएं |

जो चीज़ वास्तविकता में न मिल पाये,
वो इन सपनो में ही दिख जाये,
और उसी दो पल की घड़ी में,
सारी ख़ुशी पास नज़र आये |

हर कोई इस दुनिया में सपने देखे है हज़ार,
पर क्या कोई समझ सका है यार ?
किधर से आएं किधर को जाएँ,
फिर भी सपनों का साथ न छोड़े संसार |

कहते हैं कि सपने सच भी होते हैं,
सपने देखने से इरादे मजबूत होते हैं,
भविष्य में क्या होगा किसी के,
उसका भी ये हाल खुद में संजोते हैं |

खुली आँखों में भी रहते हैं सपने,
जिनको देख लक्ष्य पूरे होते हैं अपने,
इरादे नेक हों तो अवश्य सच होते हैं सपने,
पराये नहीं, अपने ही होते हैं सपने ।

27. मन

कई सपने संजोता है,
कई योजनाएं बनाता है,
कभी तो उलझे अपनी उलझनों में,
कभी खुद ही मुस्कुराता है |

सारे विचारों को समा अपने भीतर,
उन्हीं में सिमट कर रह जाता है,
खुद ही लड़ता रहता उनसे,
खुद निर्णय दे जाता है |

स्थिर नहीं रह पाता है मन,
शीघ्र विचलित हो जाता है,
देख पीड़ा किसी और की,
पल भर में व्यथित हो जाता है |

बचपन, बुढ़ापा, या हो यौवन,
नहीं एक सा रहता यह मन,
जीवन के उतार चढ़ावों में,
बदलता रहता इसका आचरण |

सबसे सच्चा यह दोस्त हमारा,
जो सत्य मार्ग हमको दिखलाए,
भटक गया जो इसका रास्ता,
शत्रु बन जीवन भटकाए |

मन ही है, जो सब कुछ करता,
बड़ी विचित्र इसकी चंचलता,
जीवन सफल उसी का होता,
जो इस मन को वश में रखता |

28. वक़्त तो लगता है

किसी मंज़िल तक पहुँचने में कुछ वक़्त तो लगता है,
किसी मुकाम को पाने में कुछ वक़्त तो लगता है ।

माना कि सुबह नई होती है हर रात के बाद,
पर उस रात के बीत जाने में कुछ वक़्त तो लगता है ।

माना कि मेघा अपने संग लेकर आती है बरसात,
पर उस मेघा के आने में कुछ वक़्त तो लगता है ।

माना कि बसंत खिलती है हर पतझड़ के बाद,
पर बासंती फूलों को खिलने में कुछ वक़्त तो लगता है ।

माना कि बड़ी शीतल होती है हरे पेड़ की छाया,
पर वृक्ष बीज से बनने में कुछ वक़्त तो लगता है ।

माना कि बड़ी कोमल होती है राह पुष्पों भरी,
पर फूलों की सेज बनाने में कुछ वक़्त तो लगता है ।

माना कि बड़ी मधुरिम होती है लय संगीत की,
पर उन सुरों को सजाने में कुछ वक़्त तो लगता है ।

माना कि चहकते रहते पंछी ऊँचे नील गगन में,
पर नये परिंदो को उड़ने में कुछ वक़्त तो लगता है ।

माना कि रिश्ते बना लेते हैं सब आसानी से,
पर उन रिश्तों को निभाने में कुछ वक़्त तो लगता है |

माना कि सोना होता सब से कीमती रत्न,
पर उसे तराशने में कुछ वक़्त तो लगता है |

माना कि ग़मों के बाद आता है खुशियों भरा पल,
पर ग़मों के दर्द को भूल पाने में कुछ वक़्त तो लगता है |

माना कि ख़्वाब सजाता है हर कोई,
ख़्वाबों को हकीक़त बनाने में कुछ वक़्त तो लगता है |

माना कि वक़्त सबका नहीं रहता एक समान,
पर उस बदले वक़्त के आने में कुछ वक़्त तो लगता है |

जब मालूम ही है कि हर बात का होता वक़्त,
फिर क्यूँ अपना मन पल में विचरता है ?

29. धनवान

जिसको मिले खाने को रोटी,
सर ढकने को छत हो छोटी,
संग जिसके भगवान है,
वह ही सच्चा धनवान है |

माता पिता का साया हो,
न कोई भी पराया हो,
जो धोखे से अनजान है,
वह ही सच्चा धनवान है |

मन में जिसके न खोट भरा,
धीरज जिसने हर मोड़ धरा,
गुणवत्ता जिसकी खान है,
वह ही सच्चा धनवान है |

प्रेम सुधा बौछार हो जिसपर,
संग प्रभू का प्यार हो हर पल,
पाया जीवन वरदान है,
वह ही सच्चा धनवान है |

करुणा और दया की मूरत,
नीरवता से भरी हो सूरत,
मधुरिम बोलों की तान है,
वह ही सच्चा धनवान है |

मुश्किल से न घबराए जो,
हर संकट से लड़ जाए जो,
आ जाए भले तूफ़ान है,
वह ही सच्चा धनवान है।

मर्यादा न भूले जो अपनी,
रखे याद सभी की करनी,
देता सबको सम्मान है,
वह ही सच्चा धनवान है।

देना ही बस जाने है जो,
सच्चाई ही माने है जो,
होता वही इन्सान है,
वह ही सच्चा धनवान है।

30. छोटी सी आशा

दुनिया ये सारी मुस्कुराती रहे,
जीवन की बगिया खिलखिलाती रहे,
कोकिल सदा गुनगुनाती रहे,
तितली भँवरों पर मदमदाती रहे,
पूरी हो सबके दिलों की अभिलाषा,
बस मेरे मन में इक छोटी सी आशा |

दूर जगत से हो जाए अँधियारा,
हर ओर फैला हो बस उजियारा,
बंधन सबका बना रहे अति प्यारा,
मातृभाव से जीये जग सारा,
समझें इक दूजे की सब भाषा ,
बस मेरे मन में इक छोटी सी आशा |

झूठ, कपट सब दूर हो जग से,
सत्य राह पर बढ़ें कदम ये,
नेह का मन में दीप जला हो,
राग द्वेष सब आज मिटा हो,
बुझे सभी की नयन पिपासा,
बस मेरे मन में इक छोटी सी आशा |

मधुर सुधा बस बरसी जाए,
हर जन सुख और वैभव पाए,
मानवता हर कण में समाए,

जीवन सबको रास ये आए,
बस ये ही अरमान जरा सा,
बस मेरे मन में इक छोटी सी आशा |

ना कोई तरसे यहां खुशियों को,
सीखे खुद संजोना इनको,
सबके मन में धीरज ही हो,
नहीं किसी की कमी खली हो,
चेहरा न हो कोई बुझा सा ,
बस मेरे मन में इक छोटी सी आशा |

31. सुख और दुःख

एक दिन मन में यूँ ही इक सवाल आया,
क्या है यह सुख और क्या दुःख की छाया,
ये सुख और दुःख आखिर रहते हैं कहाँ ?
क्या है इन दोनों का आशियाँ ?

दुःख तो लगता रहता आस पास सदा,
पर इस सुख का मिलता नहीं कोई पता,
खोजें हम इसको इस जग के कण कण में,
दुर्लभ है पर मिलना सुख सबको जीवन में |

कभी शहंशाही पहनावे में खोजते,
कभी धन दौलत के रुतबे में,
कभी फूलों के बागीचे में,
कभी बर्फीले से रास्ते में |

कभी ठेठ शाही पकवानों में,
कभी ऊँचे ऊँचे मकानों में,
कभी महंगी महंगी दुकानों में,
कभी फहरी पतंग कमानों में |

कभी बचपन के खेल खिलौनों में,
कभी सुर, संगीत और गानों में,
कभी ढूंढें दूजे इंसानों में,
कभी बिस्तर के सिरहानों में |

कभी छोटी सी नौकरी में,
कभी गोरी सी किसी छोकरी में,
कभी फलों भरी इक टोकरी में,
कभी अचानक निकली लॉटरी में |

पर फिर भी कहाँ ये सुख मिल पाया,
कोई इसका पता न ढूँढ पाया,
आज जब देखूं तो प्रश्न मन में आया,
कि क्यूँ नहीं ये सुख मैंने पाया?

फिर सुख ने एक दिन खुद मुझे बताया,
अपना खुद से परिचय करवाया,
मैं तो तेरे मन के भीतर ही हूँ,
क्यूँ खोज नहीं मुझको पाया ?

दूजी ओर कोई पूछे अगर दुःख के बारे,
उसको तो जाने जग में सारे,
खुद दुःख को देते सब आमन्त्रण,
करते हैं व्यथित खुद जीवन |

असत्य, अज्ञान का मार्ग अपनाकर,
हिंसा, नफ़रत की शरण में जाकर,
अहम, लोभ को गले लगाकर,
अपना सारा ईमान गँवाकर |

डॉ. सोनिया गुप्ता

करते कुकर्म, पर नहीं घबराते,
फिर कहते कि दुःख के बादल क्यूँ न जाते,
दुःख कहाँ दूर उनसे है भागे,
खुद दुःख को वे अपने पास बुलाते |

अंत समय बोले खुद सुख दुःख,
हम तो जीवन के हैं दो रुख,
है काम हमारा आना और जाना,
कभी ख़ुशी, कभी दर्द दिलाना |

हम दोनों ही रहते पास तुम्हारे,
होते इक ही आवास हमारे,
समझो हमको तुम एक समान,
जीवन जीना हो जाए आसान |

बात तुम्हें यह ही समझानी,
सुख दुःख दोनों हम तेरे प्राणी,
बस इतनी सी है अपनी कहानी,
तुम्हें सुना दी खुद अपनी ज़ुबानी |

32. वापसी

शब्द छोटा सा लगे है 'वापसी',
पर अर्थ गहरा समेटे 'वापसी',
लाख कर लो भले कोशिश,
कुछ चीजें न आएं वापिस |

जुबाँ से निकले हुए अलफ़ाज़,
तीर जो छोड़े है वो कमान,
क्या कभी लौट कर आएं यार ?

खर्ची हुई वो धन और राशि,
बातें वो बीते लम्हों की,
क्या कभी हुई इन सबकी वापसी ?

काया जो छूटे इस जग से,
प्राण जो निकलें इस तन से,
क्या वापिस कभी किसी को मिलते ?

मान इक बार जो गंवा दिया,
कदम इक बार जो बढ़ा दिया,
क्या वापिस फिर कभी लौटा ?

डॉ. सोनिया गुप्ता

मयान से निकली तलवार,
युद्ध में बरसे गोली, हथियार,
कभी हुई वापसी इनकी यार ?

नैनों से बहती अश्रु धार,
रिमझिम मेघा की वो फुहार,
क्या हुए वापिस गिरकर इक बार ?

ऋषि मुनियों के दिए श्राप,
वेदनाओं के रुदन विलाप,
क्या वापिस आए हैं जनाब ?

फिर भी राह तकते सब इसकी,
हाँ, कुछ चीज़ों की होती वापसी,
राज़ अनोखा छिपाए वापसी |

सूरज आज अगर डूबा तो,
कल वापिस भी आएगा,
तिमिर रात का गर जो हटता,
फिर वापिस छा जाएगा |

निराशा में खो जाता मन,
पर रखे आशा अपने चितवन,
कभी तो आशा आएगी,
शांति मन की लौटाएगी |

घर से निकलें रोज़ सभी,
कोई कहाँ हो, कोई कहीं,
पर एक उम्मीद होती यही
लौट वहीं होगी वापसी |

और बहुत बातें हैं इसकी,
लफ्ज़ अनोखा है 'वापसी'
कुछ चीजें न आती वापिस,
पर कुछ की होती आशा बाक़ी,
छोटा सा है यह लफ्ज़ देखो
पर राज़ गहरा समेटे 'वापसी' |

33. घर

घर दीवारों से नहीं बनते,
उनमें रहने वालों से बनते हैं,
घर ईंट, पत्थरों से नहीं बनते,
प्रेम व विश्वास से बनते हैं |

संगेमर सी चमचम दीवारें,
जड़े हैं उनमें पोषाण न्यारे,
पर रहते अलग उस घर में सारे,
क्या उसको तुम घर कहोगे प्यारे ?

शानोशौकत के साधन सब मिलते,
नौकर चाकर कितने ही दिखते,
आपस में पर प्रेम नहीं है,
वो घर होता इक घर नहीं है |

आंगन में मधु पुष्प हैं खिलते,
आम्र रस सब सेवन करते,
मन में लेकिन भरी कड़वाहट,
क्या उसको घर तुम कहोगे साहब ?

घर तो होता है प्रेम का मंदिर,
नेह भरा हो हर मन के अंदर,
रूखी, सूखी भी मिल जाए,
खाएं सारे एक जुट होकर |

इक दूजे का करें सब आदर,
चलें हाथ में हाथ पकड़कर,
संग खड़े हों हर संकट में,
उस घर को कहते हैं घर |

34. अस्तित्व

भले कुछ भी हो जीवन में,
नहीं अस्तित्व मिटाना तुम
अडिग रहना सिद्धांतों पर,
कभी ना ये भुलाना तुम ।

यही पहचान है अपनी,
इसी में ज़िंदगी सिमटी,
अगर अस्तित्व है बिखरे,
वहाँ हर चाह भी बिखरे,
कोई आहत करे इसको,
न ऐसा कर दिखाना तुम ।

बहुत से आएँगे अवसर,
परीक्षा आएगी सर पर,
मिलेंगे लोग कितने ही,
गिराएँगे तुम्हें यूँ ही,
भले नियति बदल जाए,
बदल लेकिन न जाना तुम ।

अज़ब प्यारे ये जीवन है,
कभी खुशियां, कभी ग़म है,
कभी फूलों का गुलशन है,
कभी आँखें रहें नम हैं,

भले कैसा भी पल आए,
अडिग हो पल बिताना तुम ।

यहां अपना नहीं अपना,
जगत झूठा सा इक सपना,
कोई कितना करीबी हो,
भले कितना हितैषी हो,
किसी के वास्ते हरगिज़,
नहीं खुद को गिराना तुम ।

35. छोटा सा शब्द

छोटा सा है शब्द 'आभार'
अर्थ समेटे लेकिन अपार,
जो भी तुमको मिले जहां में,
सदा करो उसका आभार ।

ईश्वर ने तुमको जीवन दिया,
मानुष जन्म अमुल्य मिला,
चलता फिरता सुगुड़ शरीर,
पाया तुमने इक उपहार,
सदा करो प्रभु का आभार ।

खाने को दी है दो रोटी,
सर पर दी है छत इक छोटी,
जीने को दी सब सुविधाएँ,
सुख वैभव की करी बौछार,
इन सबका मानो आभार ।

प्यारे से हैं रिश्ते नाते,
सुख दुःख आपस में सब बाँटे,
मित्र मिले रिश्तों से बढ़कर,
इन सबसे बनता संसार,
करते जाओ बस आभार ।

साँसें इस तन में चलती हैं,
धड़कन भी धक धक करती है,
सुंदर सी ये है प्रकृति,
देती जो सबको आहार,
करो इसका नित ही आभार |

कोई दे दे तुम्हें सहारा,
दुःख चिंता जो बाँटे सारा,
दो पल का भी दे दे सुख,
उसका नित मानो उपकार,
दिल से करो उसको आभार |

आभार किसी का जो करते हैं,
नेक कर्म उनके जुड़ते हैं,
हृदय में जगती ज्योति अनुपम,
प्रभु कृपा का मिले अभिसार,
कभी न त्यागो शब्द 'आभार' |

36. संशय

संशय शब्द है बेशक़ छोटा,
प्रभाव मगर गहरा हो इसका ।

एक चिंगारी काफी संशय की,
सब कुछ यहाँ मिटाने को,
संशय की इक तीली काफी,
सर्वस्व जहां जलाने को ।

संशय जो रिश्तों में आए,
रिश्ता वो फिर चल नहीं पाता,
एक कीट के सम यह खाए,
रिश्तों को खोखला बनाता ।

संशय जो हो खुद के ऊपर,
सारी क्षमता खो जाती है,
पानी होती जो भी मंज़िल,
दूर कहीं वो हो जाती है ।

संशय अगर मित्र पर होये,
वो भी इक दुश्मन बन जाए,
इस संशय ने पल भर में ही,
बरसों के विश्वास मिटाए ।

कलयुग आज आ गया ऐसा,
संशय होता सबको रब पर,
सोचो जीवन चले ये कैसे,
संशय जो होगा उसपर |

संशय तो है केवल शत्रु,
जो सब कुछ छीनता जाए,
संशय जिसके साथ रहे,
वो जीवन में कुछ न पाए |

37. कदम

क़दमों को आगे बढ़ने दो,
ज़िंदगी खुद ही संवर जाएगी,
मन में हो इक पक्का इरादा,
मंज़िल खुद ही मिल जाएगी |

जो कदम निकल गए एक बार, वो कभी रुकते नहीं,
पीछे मुड़कर देखोगे तो केवल परछाई नज़र आएगी,
सूरज भी उगता है रोज, इक नई रोशनी के संग,
उठोगे नई उमंग के साथ, तो नई सुबह नज़र आएगी |

जो बीत गया वो मुड़कर नहीं आता दुबारा,
जो है हाथ में वो मेहनत रंग लाएगी,
गलतियों से सीख कर आगे बढ़ो,
सफ़लता तो खुद ही मिल जाएगी |

रहोगे अतीत में हर पल,
तो गलतियां ही नज़र आएंगी,
वर्तमान में रहना सीखो,
ज़िंदगी खुद ही जीना सिखाएगी |

बस कदम न जाएँ ये गलत राह पर कभी,
चाहे कहीं भी ले जाये ये ज़िंदगी,
सच और मेहनत से बढ़ो आगे,
हर मुश्किल दूर हो जाएगी |

चाहे पथ पर कांटे आ जाएं,
चाहे आएं कितनी बाधाएं,
कदमों को आगे लेते जाओ,
राह आसां बन जाएगी |

38. आंसू

तन्हाई के दोस्त कहलाते हैं ये आंसू,
हर ग़म को हमारे बाँट लेते हैं ये आंसू ।

अश्क़ जब आँखों से बहते हैं किसी की
हर भावना सिमट जाती है उनमें उसकी ।

अजीब सा रिश्ता होता है अश्क़ और आँखों का,
समझ जाते हैं पल में एहसास वो इक दूजे का ।

ज़रूरी नहीं कि आंसू सिर्फ़ ग़म में ही बहते हैं,
ख़ुशी के पल आएं, तो भी ये झलकते हैं ।

चाहे न बोले आंसू अपने जुबानी,
पर अनोखी सी होती है इनकी कहानी ।

बारिश की बूँद में चलते आ जाएँ अगर ये आंसू,
पहचान न पाए कोई कि ये बूँद थी या आंसू ।

जुगनू की तरह चमक होती है इन अश्क़ों में,
ओस की बूँदों की तरह कसक होती है इनमें ।

बड़े ही ख़ुदगर्ज़ होते हैं ये आंसू भी,
खुद बहकर ले जाते हैं दूर ग़म सभी ।

मुस्करा कर बोलें ये आंसू हम से,
क्या ग़म है ऐ दोस्त तुझे, तूँ बाँट ले हमसे |

कुछ लोग आंसुओं को कोसते हैं के ये क्यों आते हैं बार बार,
कुछ ऐसे भी हैं जो तरस जाते हैं इनके लिए बस करते इंतज़ार|

अजीब से होते हैं ये अश्क़ हमारे,
बह जाएं तो सागर कि तरह, नहीं तो बस भीतर रहते हमारे |

ख़ुदा ने दी हैं हमें बहुत सी सौगातें,
उन सबमें ये आंसू भी आते |

इन आंसुओं की कीमत को जानो इंसान,
इनको समझ पाना नहीं आसान |

39. चाहत

किसी मंज़िल तक पहुंचने के लिए,
इक चाहत मन में होनी चाहिए,
किसी मुकाम को देना हो अंज़ाम,
तो इक हिम्मत मन में होनी चाहिए |

घर से तो निकलते हैं इक नई शुरुवात के लिए सभी,
पर क्या होगा, कैसे होगा, क्या ये जानता है कोई,
फिर भी तो कोशिश करते हैं सभी,
इस कोशिश नाम की इक शिद्दत मन में होनी चाहिए,
जब तक न पहुंच जाओ मंज़िल तक,
बस कोशिश मन में होनी चाहिए |

यह मानव जीवन मिलता बड़ी दुर्लभता से,
फिर भी हम बिता देते हैं इसे बस कायरता से,
ज़रा देखो तो सही उन पंछियों को,
जो रोज़ तिनका तिनका चुनें,
मछली भी पानी में अपनी साँसों को ही सुने,
जीने के लिए इस जहान में इक वजह मन में होनी चाहिए|

गुलाब सब से प्यारा फूल, पर रहता है संग शूल,
कमल सा इक कोमल पुष्प, पनपता है भीतर कीचड़ धूल,
फिर भी नहीं छोड़ते आस जीने की ये दोनों,

तो चलता फिरता इंसान क्यों रोये हमेशा,
मुश्किलें कितनी भी आ जाएं राह में,
उनसे गुज़र जाने की बस इक हिम्मत मन में होनी चाहिए|

बस अब तो बढ़ जाओ आगे ही आगे,
मत देखो गुज़र गया जो कल,
ये सोचो कि बस आज है इक नया मौका,
उस पल को हंसी - खुशी लो बिता,
कल तो खुद ही संवर जाएगा तुम्हारा,
संघर्ष करने की बस इक प्रेरणा मन में होनी चाहिए |

40. डर

क्या है ये डर ?
किस बात का डर ?
किस से डरता है इंसान ?
मुश्किलों से या खुद से ?

डर तो है इक ऐसा शत्रु,
आँखों में ले आए आँसू,
दीमक के सम ये खा जाए,
जीवन में अँधियारा लाए |

मन में जब होता है ये डर,
तो कदम भी निकल पड़ते हैं गलत राह पर,
काम करे जो शख़्स डर डर कर,
कभी न पहुंचे वो अपनी मंज़िल पर |

डरना ही है तो डरो उस ख़ुदा से केवल,
डरना ही है तो डरो कुकर्मों से केवल,
ज़िंदगी का इक कड़वा सत्य है मृत्यु,
पर जब तक है ज़िंदगी,
निडर होकर जियो तुम |

सच और परिश्रम की राह पर चलो सदा,
डर खुद ही होगा रफ़ा दफ़ा,
डर डर कर ही जीते रहे तुम यदि,
दुःखमय बन जाएगी ज़िंदगी |

41. सादगी

सादगी में तो हर चीज़ सुंदर नज़र आती है,
सादगी किसी भी चीज़ की सब को भाती है,
सूरत में क्या रखा, वो तो कई बार झुठलाती है,
ये सूरत तो हर बार रंग नए दिखलाती है |

माँ की ममता का आँचल भरा रहता है सादगी से हमेशा,
बहती नदिया की धारा इक शीतलता देती है सदा,
सादे से सुर ताल को सुनकर,
पुलकित हो उठता मन सबका |

सादगी से भरपूर इक इंसान,
सब से अलग दे अपनी पहचान,
भरी भीड़ में जब वो चलता है,
अलग आते नज़र उसके कदमों के निशान |

साधारण सा इक पेड़ अपनी छाया की सादगी फैलाता है,
फूल चाहे कैसा भी हो, रंग नए बिखराता है,
कितनी कीमत होती है इन किताबों के पन्नों की,
साधारण सा कागज़ बहुत कुछ कह जाता है |

जब भूख लगी हो, तो साधारण सी रोटी भी भाती है,
जब बुझानी हो प्यास, खारे नीर की शीतलता लुभाती है,
साधू संत भी साधारण से लगते सदा,
पर सादगी उनकी मन हर्षाती है |

चाहे हो साधारण सी मिटटी,
भाती है उसकी ख़ुशबू भीनी,
सादे होते ईंट व पत्थर,
पर इनसे बन जाते घर कईं |

सादगी है जीवन का अमूल्य रत्न,
जियो सदा ही सादा जीवन,
सोच विचार हों ऊँचे अपने,
सादगी से भरा हो अन्तर्मन |

42. क्या आसान क्या मुश्किल

किसी को दर्द देना है बहुत आसान,
पर किसी के दर्द को अपनाना है उतना ही मुश्किल |

किसी को बदलने को बोलना है बहुत आसान,
पर अपने आप को बदल पाना है उतना ही मुश्किल |

किसी को कहकर गरीब बेरुखी दिखाना है बहुत आसान,
पर उसी गरीब का जीवन सँवारना है उतना ही मुश्किल |

किसी से बंधन तोड़ देना है बहुत ही आसान,
पर किसी को अपना बनाना है उतना ही मुश्किल |

किसी बगिया से पुष्प तोड़ लाना है बहुत ही आसान,
पर इक नन्हा सा पुष्प खिलाना उतना ही मुश्किल |

किसी के दामन में काँटों को बिखराना है बहुत ही आसान,
पर खुद काँटों का दामन अपनाना है उतना ही मुश्किल |

किसी को बेघर कर देना बहुत ही आसान,
पर किसी को आसरा देना है उतना ही मुश्किल |

किसी से शिकवा करना है बहुत ही आसान,
पर खुद गुनाह करके उसको मानना है उतना ही मुश्किल |

किसी को नाकाम कहना है बहुत ही आसान,
पर खुद को किसी मुकाम तक पहुंचाना उतना ही मुश्किल।

किसी को सत्य का पाठ पढ़ाना है बहुत ही आसान,
पर खुद सत्य की राह पर जाना है उतना ही मुश्किल।

क्या है मुश्किल ? क्या है आसान ?
अज़ब है ज़िंदगी की दास्तान।

43. इंतज़ार

जो करता रहता इंतज़ार कि कोई आएगा उसको देने खुशियाँ,
उसके लिए नहीं बनी होती ये खुशियाँ |

जो बैठा रहता है थाम कर हाथों में हाथ,
उसका नहीं देता कोई भी साथ |

जो करता रहता इंतज़ार आने वाले वक़्त का,
वक़्त नहीं बनता साथी उस शख़्स का |

जो मंज़िलो तक पहुंचना ही न चाहे अपनी,
उसके लिए कोई मंज़िल शायद बनती ही नहीं |

जो आंसुओं में डूबा रहता है हर पल,
उसकी उलझनों का नहीं होता कोई हल |

जो फूलों की सेज पर ही सोने की इच्छा रखे,
काँटे ही आते हैं अक्सर उसके रास्ते |

जो बिन किसी कष्ट के ही हर सुख को पाना चाहता हो,
उसके लिए शायद ही कोई आसान रास्ता हो |

जो झूठ का ही अपनाता हो औज़ार,
सच का उसे नहीं मिलता कभी आधार |

जो हर पल को जीता है बोझ समझ कर,
उसके लिए तो मृत्यु भी आती है देर में अक्सर |

जो भी पल हो, जी लो बस उसको,
इंतज़ार में आने वाले पल के न खो दो उस पल को |

44. संगम

नदिया के दो किनारों का,
जल की बूंदों और अंगारों का,
इस धरणी और नील गगन का,
मरुस्थल और खिलते चमन का,
दिन और काली निशा का,
क्या हुआ है कभी संगम ?

पर फिर भी देखो ये पुष्प और कांटें,
कैसा संगम दोनों हैं बांधें,
खिलती कोमल सी पंखुड़ियाँ,
अपने हृदय लगाती कांटें,
खिलता पुष्प कीचड़ में पनपे,
कैसा संगम दोनों में बने,
है न अजब गज़ब सा बंधन,
है न कितना प्यारा संगम ?

संगम जब इक प्रीत का बनता,
अनजान दिलों का रिश्ता जुड़ता,
प्रेम ज्योत तब जग जाती है,
बगिया जीवन की खिल जाती है,
सबसे प्रिय प्रेम का संगम,
जोड़े है जो प्यारा बंधन |

कुछ ऐसा कर डालो मनवा,
संगम हो जाए हर कण का,
रात लीन हो जाए दिन में,
ज्वाला रम जाए झन झन में,
चाँद गले सूरज को लगा ले,
धरती नभ को गोद बिठा ले,
असम्भव हो जाए सब सम्भव
हो जाए हर दूरी का संगम |

45. नहीं मिटता

लम्हे गुज़र जाते हैं,
पर यादें नहीं मिट पाती,
इंसान चले जाते हैं,
पर पहचान नहीं मिट पाती,
वक़्त बदल जाता है,
पर बीती बात नहीं मिट पाती,
रात के गुज़र जाने से वो
चाँदनी छवि नहीं मिट पाती |

आँखें बंद भी कर लो चाहे,
वो तस्वीर नहीं मिट पाती,
जितने भी हों ग़म जीवन में,
तकदीर नहीं मिट पाती,
ज़ख्म भर भी गयें हों चाहे,
पर निशान नहीं मिट पाते,
पूरे न भी हों ख़्वाब,
पर अरमान नहीं मिट पाते |

पानी न मिले जब तक,
प्यास नहीं मिट पाती,
मन जब तक न होता संतुष्ट,
भूख नहीं मिट पाती,
कलम से लिखी कहानी नहीं मिट पाती,

इतिहास नहीं मिट पाता,
जुबानी नहीं मिट पाती।

बरसों गुज़र जाते हैं,
पर तज़ुर्बे नहीं मिट पाते,
सफ़र ख़त्म हो जाता है,
पर रास्ते नहीं मिट पाते,
पल गुज़र जाते हैं,
पर एहसास नहीं मिट पाते,
लोग मिलते हैं बहुत, पर खास नहीं मिट पाते।

मेघा रुक जाती है,
पर उसकी झनझन नहीं मिट पाती,
ज्वालामुखी फट जाता है,
पर अंगार नहीं मिट पाती,
मधुमास खिलखिलाकर चला जाता,
पर उसकी ख़ुशबू नहीं मिट पाती,
शीत लहर भी इक दिन जाए,
पर उसकी शीतलता नहीं मिट पाती।

ख़त्म हो जाये ज़ाम कितना भी,
पर उसका नशा नहीं मिट पाता,
निशाने के मिट जाने पर भी,
आख़िरी निशान नहीं मिट पाता,
कहीं भी ले जाये ज़िंदगी हमें,
किसी का एहसान नहीं मिट पाता,
कैसे भी हों हालात जीवन के,
जीवन नहीं मिट पाता।

डॉ. सोनिया गुप्ता

लोग भूल जाते हैं उस ऊपरवाले को भी,
पर उसका नाम नहीं मिट पाता,
कर्म करते हुए तो शायद सोचता नहीं इंसान,
पर कर्मों का अंजाम नहीं मिट पाता,
ज़िंदगी के दो पहलू हैं सुख और दुःख,
पर कोई नहीं मिट पाता,
बहुत कुछ ख़त्म हो जाता है यहां,
पर सब कुछ फिर भी नहीं मिट पाता |

46. किस्मत

किस्मत यूँ ही नहीं बनती,
मेहनत से बनाई जाती है,
सत्य है, जो लिखा वो होगा जीवन में,
पर किस्मत खुद ही चमकाई जाती है |

हाथों की लकीरों को मानते हैं किस्मत की रेखा लोग,
पर हाथ जिनके न हों, क्या जीते नहीं वो लोग,
कहते हैं बिन मांगे हर मुराद पूरी करता है ऊपर वाला,
पर बिना हमारे श्रम के, वह भी न बनता कृपाला |

किसी के मन में हो गर लगन सच्ची,
तो बदकिस्मती भी बन जाती है खुशकिस्मती,
किस्मत नहीं आती चलकर स्वयं किसी के पास,
खुद ही कदम बढ़ा सकते हो तुम उस तक किये अभ्यास |

मन में रखे जो कोई दृढ़ विश्वास,
किस्मत संवर जाती है अपने आप,
बिन किस्मत के ये धन दौलत भी किस काम के,
भाग्य साथ न दे तो ऐशोआराम भी बस नाम के |

बिगड़ी किस्मत को संवारना सब तुम्हारे हाथ में,
भाग्य की रेखा तराशना सब तुम्हारे हाथ में,
हीरे सी चमकेगी किस्मत,
जो मेहनत व लगन होगी साथ में |

47. परिवर्तन

इस सृष्टि का सब से बड़ा सच है परिवर्तन,
कुछ नहीं यहाँ स्थायी, हर पल इक परिवर्तन |

सोचो, क्या सदा ही रहता है बचपन?
इक दिन तो आता ही है यौवन,
यौवन भी न रहता सदा किसी का,
इक दिन बुढ़ापे का भी होता दर्शन,
इसी को तो कहते हैं परिवर्तन |

सोचो, क्या एक समान रहता है मौसम?
पतझड़ जो जाए, आ जाए बसंत,
ग्रीष्म जाए, हो शीत आगमन,
कभी झना झन बरसे सावन,
इसी को तो कहते हैं परिवर्तन |

सोचो, क्या इक जैसा रहता जीवन?
कभी ग़म का साया, कभी ख़ुशियों का आँगन,
कभी यारों का होता काफ़िला,
कभी खटकता अकेलापन,
इसी को तो कहते हैं परिवर्तन |

फिर क्यूँ करते इतना अहम?
है तुम्हें किस बात का ग़म ?
बस अपनाते जाओ इस जीवन का हर क्षण,
इसमें तो आना ही है हर पल परिवर्तन,
फिर क्यूँ करते हो व्यथित ये मन ?

48. सीखने की उमर

सीखते रहते हैं हम ज़िंदगी भर,
सीखने की न होती कोई उमर |

बचपन में सिखाती माँ अपने आँचल में छिपाकर,
पिता सिखाए चलना ऊँगली पकड़कर,
शिक्षक से सीखें फिर ज्ञान पुस्तक का,
जानें भेद इक इक अक्षर का |

जब आ जाता इक दिन यौवन,
सीखें हम कि क्या है जीवन,
सही, गलत की समझ है आती,
जीवन के है भेद सिखाती |

जब बन जाते हम किसी काबिल,
सीखें कैसे पानी है मंज़िल,
कैसे जूझें मुश्किल से अपनी,
सीखें कैसे कायरता तजनी |

सीखें हम अपने अनुभव से,
सीखें जीवन के इस पथ से,
सीखें हम नाज़ुक रिश्तों से,
सीखें हम खिलते पुष्पों से |

मिलें राह में कितने राही,
सबसे कुछ कुछ सीख है मिलती,
मूक रहे अपनी यह प्रकृति,
सीख सदा पर इससे मिलती |

फिर भी क्या सब कुछ सीखें हम ?
सीख कभी क्या होती है ख़त्म ?
हर पल हमको सीख सिखाता,
जीने के सब राज़ बताता |

49. कर्म

सब से बड़ी इबादत है कर्म करना,
बिन कर्मों के क्या जीना, मरना |

आँधियाँ तो आएंगी ही राह में,
बूँदे भी बरसेंगी आकाश से,
वक़्त नहीं ठहरता किसी की तलाश में,
कर्म तो करने ही पड़ते हैं हर हालात में |

जो हाथ में है सम्भव, सब कर डालो,
फल, परिणाम पर मत रहो निर्भर,
बस कर्म करो तुम नेक व अच्छे,
बाकी सब छोड़ो उस रब पर |

कर्म हों तुम्हारे बस सत्य राह पर,
कर्म करो तुम बनकर निडर,
कर्म फ़र्ज़ सबसे बड़ा अपना,
कर्म बिना जीवन यह निर्झर |

यह जीवन है बड़ा अनोखा,
कर्मों का सब लेखा जोखा,
किस्मत कर्मों जैसी मिलनी,
जैसी करनी, वैसी भरनी |

खुद ईश्वर भी जब आया जग में,
कर्म करे उसने भी अपने,
जब बिन कर्मों के वह न रह पाया,
तो हम तो हैं इक बालक उसके |

बिन कर्म इस जीवन का कोई अस्तित्व नहीं,
कर्म बिना तो गति भी नहीं,
क्यूँ भागें हम फिर कर्मों से ?
क्यूँ नहीं करते दोस्ती इनसे ?

50. सम्मान

सम्मान कोई चीज़ नहीं, जो खरीदी जाए,
सम्मान तो है अमुल्य धन, मानव जो कमाए,
किसी के आगे गिड़गिड़ाने से न मिलता,
किसी को झूठा रिझाने से न मिलता |

करके नेक कर्म, रखे सद्भावना मन में,
उत्कृष्ट जगह बनाना, जाकर किसी के दिल में,
मेहनत और लगन से करते रहना जतन,
तो जाके मिल सके है यह कीमती धन |

अपने असूलों पर टिके रहना सदा,
बेवज़ह न देना किसी और को दग़ा,
दूजों को भी देना उतना ही सम्मान,
तब जाकर मिले किसी को खुद का सम्मान |

सम्मान है किसी का, तो सब कुछ है उसका,
न जो रहे ये आदर, कुछ भी न फिर है बचता,
हो कर्म कोई न ऐसा, जिससे ये मान कम हो,
ग़ैरत न तुम गिराना, हालात चाहे कुछ हो |

सम्मान से बड़ा कोई तोहफ़ा नहीं जगत में,
सम्मान से मिले है पहचान अलग सब से,
आ जाए कितनी आंधी, आये भले तूफ़ान,
खोने नहीं तुम देना, हरगिज़ ये अपना मान |

उम्मीद का दीया

काव्य संग्रह

डॉ. सोनिया गुप्ता